www.beltz.de

in der Verlagsgruppe Beltz · Weinheim Basel
Erstmals erschienen 1967

Neue Rechtschreibung
Gesamtherstellung: Sachsendruck Plauen GmbH
Printed in Germany
ISBN 978-3-407-77165-0
1 2 3 4 5 18 17 16 15 14

Pferdchen lauf Galopp

Alte Kinderlieder neu illustriert von
Eva-Johanna Rubin

BELTZ
Der KinderbuchVerlag

Die vier Jahreszeiten

Es war eine Mutter,
die hatte vier Kinder:
den Frühling, den Sommer,
den Herbst und den Winter.

Der Frühling bringt Blumen,
der Sommer bringt Klee,
der Herbst, der bringt Trauben,
der Winter bringt Schnee.

Rätsel

Ein Männlein steht im Walde ganz still und stumm,
es hat vor lauter Purpur ein Mäntlein um.
Sagt, wer mag das Männlein sein,
das da steht im Wald allein
mit dem purpurroten Mäntelein?

Das Männlein steht im Walde auf einem Bein
und hat auf seinem Haupte ein Käpplein klein.
Sagt, wer mag das Männlein sein,
das da steht auf einem Bein
mit dem kleinen, schwarzen Käppelein?

Ein Kind spricht:
Das Männlein dort auf einem Bein
mit seinem roten Mäntelein
und seinem schwarzen Käppelein
kann nur die Hagebutte sein!

Der Gänsedieb

Fuchs, du hast die Gans gestohlen,
gib sie wieder her,
sonst wird dich der Jäger holen
mit dem Schießgewehr.

Seine große, lange Flinte
schießt auf dich den Schrot,
dass dich färbt die rote Tinte,
und dann bist du tot.

Liebes Füchslein, lass dir raten,
sei doch nur kein Dieb.
Nimm, du brauchst nicht Gänsebraten,
mit der Maus vorlieb.

Der Sommer

Tra, ri, ra,
der Sommer, der ist da!
Wir wollen in den Garten
und woll'n des Sommers warten,
ja, ja, ja,
der Sommer, der ist da!

Tra, ri, ra,
der Sommer, der ist da!
Wir woll'n hinter die Hecken
und woll'n den Sommer wecken,
ja, ja, ja,
der Sommer, der ist da!

Tra, ri, ra,
der Sommer, der ist da!
Der Sommer hat gewonnen,
der Winter hat verloren,
ja, ja, ja,
der Sommer, der ist da!

Bienenliedchen

Summ, summ, summ! Bienchen, summ herum!
Such in Blumen, such in Blümchen
dir ein Tröpfchen, dir ein Krümchen!
Summ, summ, summ! Bienchen, summ herum!

Summ, summ, summ! Bienchen, summ herum!
Kehre heim mit reicher Habe,
bau uns manche volle Wabe!
Summ, summ, summ! Bienchen, summ herum!

Summ, summ, summ! Bienchen, summ herum!
Ei, wir tun dir nichts zuleide,
flieg nur aus in Wald und Heide!
Summ, summ, summ! Bienchen, summ herum!

Die kleine Gärtnerin

Meine Blümchen haben Durst,
hab's gar wohl gesehen;
eilig, eilig will ich drum
hin zum Brunnen gehen.

Frisches Wasser hol ich euch,
wartet nur ein Weilchen,
wartet nur, ihr Röschen rot
und ihr blauen Veilchen.

Seht, hier habt ihr Wasser schon,
trinkt nur mit Behagen;
blüht und duftet noch recht lang,
wollt ihr Dank mir sagen!

Zucker
Safran
Schmalz
MEHL

Backe, backe Kuchen

Backe, backe Kuchen,
der Bäcker hat gerufen!
Wer will guten Kuchen backen,
der muss haben sieben Sachen:
Eier und Schmalz,
Zucker und Salz,
Milch und Mehl,
Safran macht den Kuchen gehl.

Halb gesprochen:
Schieb, schieb, in Ofen 'nein.

Der Reiter

Hopp, hopp, hopp, Pferdchen, lauf Galopp!
Über Stock und über Steine,
aber brich dir nicht die Beine.
Hopp, hopp, hopp, Pferdchen, lauf Galopp.

Tipp, tipp, tapp, wirf mich nur nicht ab!
Pferdchen, tu es mir zuliebe,
sonst bekommst du Peitschenhiebe.
Tipp, tipp, tapp, wirf mich nur nicht ab!

Brr, brr, he, Pferdchen, steh doch, steh!
Kannst ja heut noch weiterspringen,
muss dir doch erst Futter bringen.
Brr, brr, he, Pferdchen, steh doch, steh!

Der kleine Apfel

In einem kleinen Apfel,
da sieht es lustig aus;
es sind darin fünf Stübchen,
grad wie in einem Haus.

In jedem Stübchen wohnen
zwei Kernchen, schwarz und klein,
die liegen drin und träumen
vom lieben Sonnenschein.

Sie träumen auch noch weiter,
gar einen schönen Traum;
wie sie einst werden hängen
am lieben Weihnachtsbaum.

Das Lied vom Mond

Wer hat die schönsten Schäfchen?
Die hat der goldne Mond,
der hinter unsern Bäumen
am Himmel droben wohnt.

Es kommt am späten Abend,
wenn alles schlafen will,
hervor aus seinem Hause
zum Himmel leis' und still.

Dann weidet er die Schäfchen
auf seiner blauen Flur;
denn all die weißen Sterne
sind seine Schäfchen nur.

Sie tun sich nichts zuleide,
hat eins das andre gern,
und Schwestern sind und Brüder
da drüben Stern an Stern.

Wenn ich gen Himmel schaue,
so fällt mir immer ein:
„O lasst uns auch so freundlich
wie diese Schäfchen sein!“